VIAJE A TRAVÉS DE LA VÍA LÁCTEA

POR HEATHER MOORE NIVER
TRADUCIDO POR ALBERTO JIMÉNEZ

Gareth Stevens
PUBLISHING

Please visit our website, www.garethstevens.com. For a free color catalog of all our high-quality books, call toll free 1-800-542-2595 or fax 1-877-542-2596.

Library of Congress Cataloging-in-Publication Data

Niver, Heather Moore.
Viaje a través de la Vía Láctea / by Heather Moore Niver, translated by Alberto Jimenez.
p. cm. — (Maravillosos viajes a través de la ciencia)
Includes index.
ISBN 978-1-4824-2414-0 (pbk.)
ISBN 978-1-4824-2415-7 (6-pack)
ISBN 978-1-4824-2024-1 (library binding)
1. Milky Way — Juvenile literature. I. Niver, Heather Moore. II. Title.
QB857.7 N58 2015
523.1—d23

First Edition

Published in 2015 by
Gareth Stevens Publishing
111 East 14th Street, Suite 349
New York, NY 10003

Copyright © 2015 Gareth Stevens Publishing

Designer: Sarah Liddell
Editor: Ryan Nagelhout/Nathalie Beullens-Maoui
Translator: Alberto Jiménez

Photo credits: Cover, p. 1 Christopher Universe/Wikimedia Commons; p. 5 Kevin Key/Shutterstock.com; p. 7 photo courtesy of Nasa JPL; p. 9 Mopic/Shutterstock.com; p. 11 Mihai-Bogdan Lazar/Shutterstock.com; p. 13 Stocktrek Images/Getty Images; p. 15 photo courtesy of NASA/JPL-Caltech; p. 17 Stas1995/Wikimedia Commons; p. 19 Steve Allen/Getty Images; p. 21 Corey Ford/Stocktrek Images/Getty Images; p. 23 photo courtesy of ASA, ESA, SSC, CXC, and STSci; p. 25 photo courtesy of NASA, ESA, Z. Levay and R. van der Marel, STSci, T. Hallas, and A. Mellinger; p. 27 Diego Barucco/Shutterstock.com; p. 29 (Hubble) John Brenneis/Contributor/Getty Images; p. 29 (main) bikeriderlondon/Shutterstock.com.

Printed in the United States of America

CPSIA compliance information: Batch #CW15GS: For further information contact Gareth Stevens, New York, New York at 1-800-542-2595.

CONTENIDO

Las palabras del glosario aparecen en **negrita** la primera vez que se usan en el texto.

¡ARRIBA, ARRIBA Y LEJOS!

Muchos hemos mirado hacia arriba de noche y hemos contemplado el firmamento con asombro. ¡Hay tantos **planetas**, satélites y estrellas en lo alto! Y, por supuesto, vemos el Sol—y a veces la Luna y otros astros—durante el día. ¡Hay muchísimo que ver!

Los humanos han viajado al espacio, pero ¿y si pudiéramos ir al lugar del cosmos que deseáramos? Subamos a nuestra singular nave espacial para recorrer nuestra **galaxia**: la Vía Láctea.

¡SORPRENDENTE!

Además de la Vía Láctea, desde la Tierra se ven otras dos galaxias. Justo al sur del **ecuador terrestre**, se distinguen la Gran Nube de Magallanes y la Pequeña Nube de Magallanes, así llamadas en honor del famoso explorador Fernando de Magallanes.

La Vía Láctea es una galaxia
espiral barrada, por sus brazos en espiral
y la barra situada en su centro.

Una galaxia es un conjunto de estrellas, gases y polvo que se desplaza por el universo. Mientras cruzamos el firmamento en nuestra nave, vemos una gran banda de luz. ¡Ese es el centro de la Vía Láctea!

¡La Vía Láctea es solo una más de los miles de millones de galaxias de nuestro universo! El Sol y sus planetas, incluyendo la Tierra, forman parte de la Vía Láctea, que contiene polvo, gas y más de 200 billones de estrellas. Casi todas las estrellas pertenecen a galaxias.

¡SORPRENDENTE!

En las galaxias más grandes no hay casi ni gas ni polvo. Sin embargo, pueden englobar más de un trillón de estrellas. Nuestra galaxia completa un giro alrededor de su centro cada 200 millones de años, más o menos.

El planeta Tierra se encuentra a medio camino entre el borde y el centro de la Vía Láctea.

Tierra

GALAXIAS GRANDES Y PEQUEÑAS

Al alejarnos de la Tierra, descubrimos otros planetas de nuestro **sistema solar**. Hay dos entre la Tierra y el Sol: Mercurio y Venus. Tras la Tierra encontramos cinco más, incluyendo a Júpiter, el gigante gaseoso.

Entre Marte y Júpiter hallamos una franja de grandes rocas llamada cinturón de asteroides. Nuestro sistema solar cuenta también con lunas, cometas y otros cuerpos que orbitan alrededor del Sol.

¡SORPRENDENTE!

Neptuno, el octavo planeta, está a unos 2.8 billones de millas (4.5 billones de km) del Sol.

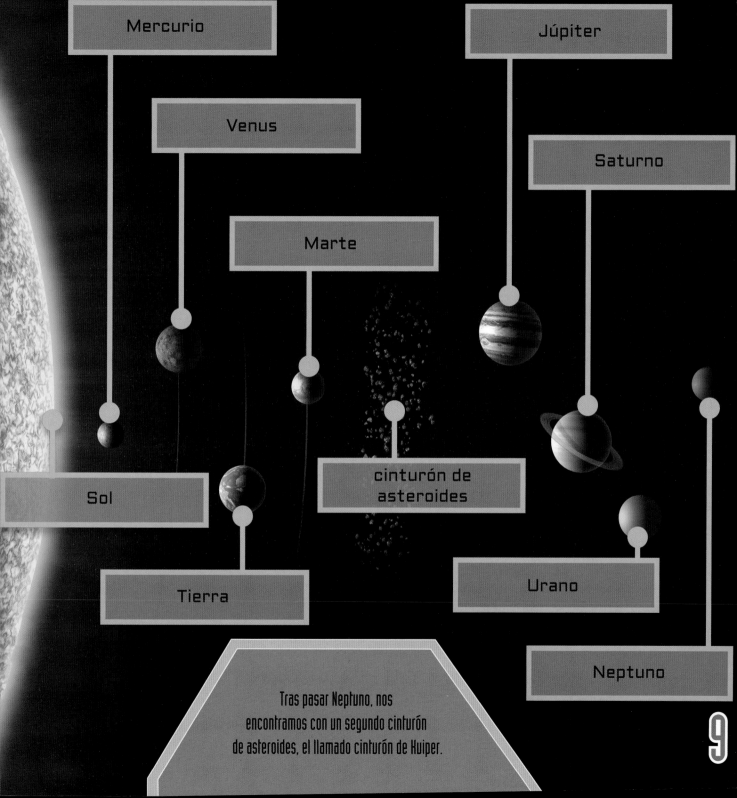

Mercurio

Júpiter

Venus

Saturno

Marte

cinturón de asteroides

Sol

Tierra

Urano

Neptuno

Tras pasar Neptuno, nos encontramos con un segundo cinturón de asteroides, el llamado cinturón de Kuiper.

9

CUÁNDO NACIERON

Las galaxias se formaron apenas unos pocos millones de años después del nacimiento del universo. ¡Pero eso ocurrió hace 13 billones de años! Al principio eran mucho más pequeñas que ahora. ¡Desde entonces no han dejado de crecer!

La mayoría de las galaxias forman pequeños grupos o cúmulos. La Vía Láctea es una de las aproximadamente 40 galaxias del llamado Grupo Local. Mientras nuestra nave lo atraviesa, advertimos que la Galaxia de Andrómeda es la mayor de nuestro grupo. Tanto la Vía Láctea como Andrómeda son galaxias espirales.

¡SORPRENDENTE!

Hasta la galaxia más pequeña es grande, muy grande. ¡Abarca millones de estrellas! Las galaxias pequeñas pueden alcanzar una anchura de 5,000 **años luz**.

¡Las galaxias del Grupo Local se mueven juntas, como una gran familia

Andrómeda

11

Al dejar atrás la Vía Láctea, hallamos galaxias de todas las formas y todos los tamaños. Las **elípticas** son las mayores. Son de forma ovalada como un balón de fútbol. Las **irregulares**, poco corrientes, carecen de forma definida.

Las galaxias espirales, como la Vía Láctea, presentan forma de molinete. Las estrellas más viejas están cerca del centro. Las nuevas se forman con el polvo y el gas situados en los brazos del molinete. La Tierra se encuentra en el extremo de uno de esos brazos.

¡SORPRENDENTE!

La luz puede atravesar la Vía Láctea de lado a lado pero le toma 100,000 años, debido al gran tamaño de la galaxia.

galaxia elíptica

galaxia espiral

galaxia irregular

La forma de una galaxia a menudo
se ve afectada por otras galaxias cercanas.

13

A causa de su extensión, no resulta fácil trazar el mapa de la Vía Láctea. Es probable que conste de dos brazos principales que surgen de la barra central. La Vía Láctea tiene barras más pequeñas y diversas ramas.

Los científicos creen que los brazos se componen de ondas que se mueven alrededor de la galaxia mientras esta gira. Y en medio de todo hallamos uno de sus mayores enigmas: un **agujero negro**. De eso hablaremos más adelante.

¡SORPRENDENTE!

¡La Vía Láctea es solo una más de los billones de galaxias espirales del universo!

CARTOGRAFIAR LA VÍA LÁCTEA

brazo principal
Perseo

Tierra

agujero negro

brazo exterior

brazo principal
Scutum-Centaurus

órbita de la Tierra

Alejemos nuestra nave para observar la galaxia de lado. Los brazos de la Vía Láctea conforman un disco aplanado en cuyo centro se halla el bulbo o núcleo galáctico, tan lleno de estrellas, gas y polvo que nos impide ver los astros de su interior y el otro lado de la Vía Láctea.

El bulbo y los brazos son las partes más reconocibles de la Vía Láctea, pero también consta de un **halo** esférico compuesto por gas caliente, estrellas viejas y **cúmulos globulares**. El halo es tan enorme que se extiende durante años luz.

¡SORPRENDENTE!

Por encima y por debajo del disco hay dos burbujas gigantescas. En cada una se aprecia un **chorro** de materia de 27,000 años luz de longitud.

bulbo

halo

disco

Un bulbo galáctico generalmente
se encuentra en las galaxias espirales.

El centro de la Vía Láctea representa todo un desafío para los científicos, ya que las nubes de polvo y gas dificultan la vista de su interior.

Los científicos creen que el centro alberga un agujero negro supermasivo. Como los agujeros negros ejercen una enorme atracción gravitacional, se pueden estudiar a través de la reacción que ejerce la **gravedad** en los cuerpos cercanos.

¡SORPRENDENTE!

En 2014 los científicos descubrieron una galaxia que no tiene uno, ¡sino tres agujeros negros supermasivos en el centro!

agujero negro

Los agujeros negros se llaman así porque son invisibles, ya que ni siquiera la luz escapa a su atracción. Es probable que la mayoría de las galaxias contenga uno en su centro, pero nosotros no podemos ver el de la Vía Láctea desde nuestra nave.

19

¡QUÉ APETITO EL DEL AGUJERO NEGRO!

El agujero negro de la Vía Láctea empezó siendo mucho más pequeño de lo que es ahora. Gracias a la gravedad, sigue atrayendo más objetos y aumentando de tamaño. Los científicos creen que engulle todo lo que se le acerca. Traga polvo, gas, estrellas... ¡hasta asteroides!

Desde nuestra nave, vemos fuertes resplandores o destellos de luz alrededor del agujero negro. ¡Este espectáculo de luces puede prolongarse durante una hora!

¡SORPRENDENTE!

Algunos astrónomos llaman monstruo al agujero negro, ¡porque lo absorbe todo! Lo consideran muy destructivo.

El espectáculo de luces cerca del agujero negro, viene de las nubes de gas que están atrapadas dentro.

21

LA MATERIA OSCURA

Hasta el momento, hemos visto que la Vía Láctea está llena de polvo, gas y estrellas, pero aún hay más. También contiene materia oscura.

Desafortunadamente, no podemos ver la materia oscura, ¡porque no sabemos con seguridad de qué está compuesta! Los científicos deben estudiar la reacción de los objetos que la rodean, como hacen con los agujeros negros, para ver cómo reaccionan. La materia oscura constituye el 90 por ciento de la Vía Láctea.

¡SORPRENDENTE!

¡El agujero negro de la Vía Láctea es billones de veces más grande que nuestro Sol!

Los científicos todavía están tratando de entender la materia oscura, y cómo afecta la Vía Láctea.

Con el espacio tan lleno de galaxias, no es de extrañar que choquen entre sí, ¡pero es impresionante saber que esto sucede todo el tiempo! ¡Y le pasa igual a la Vía Láctea!

Aunque desde nuestra nave no podremos verlo, se cree que la Vía Láctea chocará con la Galaxia de Andrómeda dentro de unos 4 billones de años. ¡Ambas galaxias se aproximan la una a la otra a una velocidad de 70 millas (112 km) por segundo! Se sabe que Andrómeda ya ha chocado con otras galaxias.

¡SORPRENDENTE!

Cuando las galaxias chocan unas con otras, ¡todo tipo de materia se amalgama para crear una nueva formación estelar!

Andrómeda

Vía Láctea

La Galaxia de Andrómeda dista
2.5 millones años luz, pero es visible desde la Tierra,
a veces incluso sin binoculares

La mayoría de las estrellas de la Vía Láctea se llaman enanas rojas. Su tamaño es menor que el del Sol (aproximadamente una décima parte), y también son más frías y menos brillantes que aquel.

La Vía Láctea alberga unos 4.5 billones de enanas rojas. La más próxima a la Tierra está a 12 años luz. ¡Se cree que cerca de ellas puede haber vida!

¡SORPRENDENTE!

Cuando nacen, las enanas rojas causan una gran explosión. ¡Por eso a los científicos no les parece muy conveniente vivir en sus proximidades!

Las enanas rojas viven más tiempo que el Sol.

CONTEMPLAR LA GALAXIA

En la década de 1920 Edwin Hubble advirtió que ahí fuera había más de una galaxia. Hasta ese momento los científicos pensaban que todas las estrellas formaban parte de la Vía Láctea. Aún queda mucho que aprender sobre nuestra galaxia, pero continuamente se inventan nuevos métodos para medir su tamaño y calcular su forma con exactitud.

Como ya hemos echado un vistazo a la Vía Láctea, es hora de regresar a la Tierra con nuestra nave. ¡Seguro que este viaje nos dará mucho que pensar cuando miremos al cielo!

¡SORPRENDENTE!

¡Más de 200 billones de estrellas llaman hogar a la Vía Láctea! ¡Y esta galaxia tiene aún suficiente materia para crear billones de estrellas más!

Edwin Hubble también dedujo que el universo crecía sin parar.

Edwin Hubble

GLOSARIO

agujero negro: Enorme cantidad de materia comprimida en un espacio pequeño, con una gravedad tan fuerte que nada puede salir de él.

año luz: Distancia recorrida por la luz en un año.

chorro: Erupción de materia, como líquido, gas o vapor, a través de una abertura estrecha.

cúmulos globulares: Grupo de estrellas en forma de bola.

ecuador terrestre: Círculo máximo que equidista de los polos de la Tierra.

elíptico: En forma de elipse u óvalo.

galaxia: Gran agrupación de estrellas, planetas, gas y polvo interestelar que forma una unidad dentro del universo.

gravedad: Fuerza que atrae los objetos hacia el centro de un planeta o de una estrella.

halo: Círculo de luz que brilla alrededor de un planeta o de una galaxia.

irregular: Ni regular ni equilibrado.

planeta: Gran cuerpo celeste que orbita alrededor de una estrella.

sistema solar: Conjunto formado por el Sol y los cuerpos celestes que lo orbitan, incluyendo los planetas y sus lunas.

MÁS INFORMACIÓN

LIBROS

Coupe, Robert. *Earth's Place in Space.* New York, NY: PowerKids Press, 2014.

Rustad, Martha E. H. *The Milky Way.* North Mankato, MN: Capstone Press, 2012.

World Book. *The Milky Way.* Chicago, IL: World Book, 2010.

SITIOS WEB

Catálogo del cosmos
pbs.org/wgbh/nova/space/catalogue-cosmos.html
Mira este sitio si sientes curiosidad por los cuerpos celestes más asombrosos.

Datos del espacio: datos de las galaxias para niños
sciencekids.co.nz/sciencefacts/space/galaxies.html
¡Ve como un cohete hacia este sitio si quieres más datos interesantes sobre las galaxias!

ÍNDICE